ÖMER SEYFETTİN

GİZLİ MABET

PARILTI YAYINCILIK

Ömer Seyfettin Dizisi

Kıtabın Adı
Gizli Mabet

Yayına Hazırlayan
Bülent Döş

İç Düzen
Ahmet YANAR

Kapak Tasarım
Ahmet YANAR

Baskı - Cilt
Ebru Matbaacılık
Bas. Yay. San. Tic. A.Ş.
Atatürk Cad. Organize San. Sit.
No: 135 İkitelli / İSTANBUL
Tel: 0212 671 93 70

ISBN 978-605-004-006-7

İstanbul — Mart 2008

PARILTI YAYINCILIK
Çatalçeşme Sk. No: 19 / 1
Cağaloğlu / İSTANBUL
Tel: 212 520 07 40
Faks: 212 511 87 23
pariltiyayincilik@gmail.com

İçindekiler

GİZLİ MABET

Geçen gün Tokatlıyan'da Sermet bana genç bir Frenk takdim etti. Sorbonne'dan arkadaşıymış! Kumral, çini mavi gözlü, güzel, narin, nazik bir çocuk! Azgın bir "doğu„ âşığı. İlk lafı bu oldu:

— Azizim, siz kendinizi bilmiyorsunuz. Avrupa'yı bir şey zannederek kendi güzelliklerinizi görmüyor, kendi esrarlarınızı yaşamıyorsunuz.

Birdenbire haklı mı, haksız mı olduğunu kestiremediğim bu azarlamaya gülümsedim:

— Bunu gözümle gördüm, diye coştu. Üç senedir Sermet'in evindeyim. Her şey alafranga: Yemek salonu, yatak odası, karısının, kardeşlerinin giyinişleri, hareketleri, hatta zihniyetleri, düşünceleri bile hep Avrupavari! Ah, nerede Loti'nin Türkiye'si?

— Loti'nin Türkiye'si karşı tarafta! dedim.

— Evet, öyle söylüyorlar. Fakat içine girilmez bir alem!... Yazık ki siz bu resim gibi dünyayı sevmiyorsunuz.

— Sevenlerimiz de var! dedim.

— Siz sevenlerden misiniz?

"Evet", diye abartmalı bir hareketle başımı salladım: Önyargılarının sınırını aşmayan Frenkler ne masumdurlar! Bu genç Avrupalı da bunlardan biriydi. Türkiye'ye dair konuşmaya başladı. İddia ediyordu ki, biz kendimizi tanımıyoruz; en güzel, en zengin, en beğenilen sokaklarımıza pis diyoruz. Artık güzellikten yoksun Avrupa binalarına, muazzam caddelere, doğayı öldüren geometrik çizgilerine kıymet veriyoruz... Rumlara öfkesi, kin derecesini geçiyordu. Beyoğlu'ndan öyle nefret etmişti ki: "Ne iğrenç doğu karikatürü, yarabbi!„ derken âdeta sarararak tiksiniyordu. Kafası Loti'nin hayalleri ile doluydu. Bizim sefalet, vahşet, cehalet dediğimiz perişanlıklarımıza o "Harika!„ diyor, bu sonsuz çöplükler, yıkık evler karşısında nasıl olup da estetik bir heyecan duymadığıma şaşıp kalıyordu. Nihayet kendisinin, Avrupalılaşmamış bir Türk evine götürülmesini benden rica etti. Aklıma birdenbire Karagümrük'te oturan ihtiyar süt annem geldi. Bu gayet sofu ve gayet acılara dayanıklı, gayet muhafazakâr bir kadındır, kendinden büyük eski Arap kölesi ile oturur, kocasından kalan ufacık gelirle rahat rahat geçinir.

— Öyleyse sizi hiç Avrupalılaşmamış ihtiyar bir dulun evine götüreyim, dedim.

Teşekkür etti. Sevindi:

— Bugün, hatta isterseniz şimdi...

— Bu mümkün mü?

— Mümkün, yalnız başınıza bir fes alacağız,

dedim.

Böyle ansızın gitmek, alaturka evde tekliflere, gösterişlere meydan bırakmayacak, doğayı, Pitoreski, bu şark âşığı Frenk'e olduğu gibi gösterecekti. Sermet, zavallının sevincine gülmekten katılıyordu. Ona veda ettik, bir arabaya atladık. Beyazıt'ta indik. Frenkçiğe bir dükkândan ciğer gibi kırmızı bir fes aldık. Kalıplattık. Tramvaya binmek istemedi.

— Buradan aşağı hep Türk mahallesi mi? dedi.

— Evet, hep Türk mahallesi.

— O halde rica ederim yayan gidelim.

— Pekalâ... dedim.

Yangın yerlerinden yürüdük. Sisli bulutlu bir hava, karanlık bir gök yüzü, harap evlerin, tenha yıkılmış yerlerin sessizliğine sanki acı bir hüzün karıştırıyordu. Yolda ona talimat verdim. Süt anneme kendisi için "Çerkez" diyecektim.

Gerçekte o horozdan kaçan bir kadın değildi.

Fakat belki bir Hıristiyanın yanına çıkmak istemezdi. Bu basit oyun genç Frengin hayalini daha da arttırdı. Bir tarafa çarpılmış siyah, çürük, tahta evler, yıkık duvarlar, sökük çatılar karşısında duruyor, "Oh, ne manzara, ne manzara!„ diye bir türlü ayrılamıyordu. İki saatte eve gelebildik. Bu, üç katlı, ahşap, biraz yıkılmış eski bir binadır. Kapıyı çaldım. İhtiyar Arap açtı:

— Süt annem yok mu? diye sordum.

— Komşuda... Buyurun...

— Haydi Karanfil dadı, git, koş, benim geldiğimi söyle. Yanımda da bir misafirim var. Bu gece sizde kalacağız, dedim.

İçeri girdik. Temiz, fakat karanlık taşlıktan geçerek koca bir merdivenden çıktık. Misafir odasına genç Frenk bayıldı. Yerde güzel bir Acem halısı yayılıydı. Duvarlar tablolarla süslenmişti.

Yastıklarına fes rengi perdelerin düştüğü sedirler kırmızı kilimlerle örtülüydü. Karşı karşıya oturduk. Kafeslere hayran oldu.

— Sanki kendimi bir rüyanın içinde sanıyorum! dedi.

Süt annem gelince, benim gibi elini öptü. Ara sıra başındaki fesi unutuyor, elinde olmadan selâm verir gibi hareket ediyordu. Süt annem bunun pek farkına varamadı ama:

— Konuştuğunuz lâf Çerkezceye benzemiyor, dedi.

Ben:

— Anneciğim, bu senin bildiğin Çerkezce değil, göçten sonra çıkmış, Rusça ve Çeçence ile karışık bir Çerkezce! diye kandırdım.

Sözde bu Çerkez misafir, hacca gitmek için İstanbul'a gelmişti. Süt annem, hac zamanı olmadığını hatırlatınca, ona da bir kulp buldum. Amacı daha önce davranıp İstanbul'da biraz Türkçe öğrenmekti.

— Ah, bu yaşta hacı olmak, ne mutlu, ne mutlu! Darısı senin başına! diyordu.

— Amin, amin!...

Frenk, ağzımdan çıkan bu kelimeyi birdenbire tanıyor, aşinalığını göstermek fikriyle kendi şivesiyle tekrarlıyordu:

— Amen, amen!..

Süt annem, bu Çerkez'le hacca beraber gitmemi tutturdu. Sözün kısası yemek zamanına kadar hep hacdan, hocadan filân söz ettik. Ben süt annemin öğütlerini çıtır çıtır hep Çerkezceye tercüme ettim. Sofraya oturunca, Frenk bütün bütün coşkulu heyecanının içinde kendinden geçti. Yalnız yabancı misafirlere çıkan gümüş sini, zavallıyı deli edecekti. Çatalı bırakıyor, süt annem gibi eliyle yemeğe çalışıyordu. Ben vazgeçirdim. Elle yemenin yalnız ihtiyar kadınlara özgü olduğunu söyledim.

Dünyanın en rahat durumunun bağdaş kurmak olduğunu iddiaya başlarken sofradan kalktık. Kahvelerimizi içtik. Süt babamın kütüphanesinde yadigâr gibi duran eski yazma kitapları misafirime gösterdim. Nakışlara, ciltlere, minyatürlere hayran kaldı.

Uyku zamanı gelince, onu Karanfille beraber en üst kata çıkardım. Yatağını bahçe üstündeki odaya yapmışlardı. Tuvaleti falan gösterdim. "Bonsuvar" dedim. Ben de orta kattaki odaya çekildim. Gece fırtına çıktı. Şiddetli bir yağmur yağdı. Sabahleyin gayet güzel bir hava açılmıştı. Frenk'i uyanmış, giyinmiş buldum. Yatağın içine oturmuş, bir şeyler yazıyordu.

— Bonjur...

— Bonjur mon ami!

— Ne yazıyorsunuz?

— Oh, duygularımı...

— O kadar etkilendiniz mi?

— Tarif edemem, size tarif edemem...

Aşağı indik, sabah kahvelerimizi içtik. Süt annemin ellerini öptük. Bu Frenk'i daha beter şark resminin içine batırmak için yayan olarak Fatih'e götürdüm. Caminin karşısındaki kahveye oturduk.

Birer nargile ısmarladım. Dışarı üflemesin diye önce güvenle içmeyi deneterek öğrettim. Keyiflerimiz gelmeye başlıyordu. Zavallıyı yine azıttırmak, coşturmak için:

— Azizim, şu karşıdaki tapınağa bak, dedim. Ne güzellik, ne büyüklük, değil mi?

Frenk gülümsedi, o kadar heyecanlı görünmedi. Daha dün yıkık çeşmelerin, eğrilmiş duvarların huzurunda deli gibi çırpınan bu adamın kayıtsızlığı tuhafıma gitti. Sordum:

— Bu abideyi beğenmediniz mi, yoksa?

— Bu, bu tapınak hiç, diye mavi gözlerini küçülterek tekrar gülümsedi.

— Ne demek hiç!.. Bu İstanbul'un en muazzam bir abidesidir...

— Bu hiç... Bu tapınak hiç...

— Ne demek?

— Ben, ondan daha önemlisini gördüm.

— Olamaz, dedim. Ne zaman gördünüz?

— Bu gece...

— Rüyanızda mı?

— Hayır...

— Ya nerde?

— Evde...

— Hangi evde...

Şaşırdım:

— Ne gördünüz canım?

— Piyer Loti'nin göremediği bir şeyi! Hiçbir Avrupalının tanımadığı bir sırrı.

Gülümsüyordum:

— Evet, ben sizin gizli tapınağınızı gördüm...

— Nasıl gizli tapınak, canım?..

— Nafile, saklıyorsunuz. Ben gördüm işte! Asırlardan beri Avrupalıların gözlerinden sakladığınız gizli tapınağınızı, özel tapınağınızı bu gece gördüm.

— Ama emin olunuz, bu sırrı muhafaza edeceğim. Paris'e gidince gazetelere yazmayacağım, defterimde kutsal bir şey gibi bu hatıra saklı kalacak.

— Sözlerinden hiçbir şey anlamıyorum, dedim.

— Israr etmeyiniz, gördüm, gördüm...

— Gizli tapınağınızı!..

— Bizim gizli tapınağımız yoktur.

— Boş yere inkâr ediyorsunuz, ben gördüm.

— Tuhaf, çok tuhaf... diye başımı sallıyordum.

Frenkçik dayanamadı. Cebinden özel deri kaplı bir defter çıkardı.

— Bak görmüş müyüm, görmemiş miyim? dedi.

Son sayfaları okumaya başladı:

"... Sabah! Büyük bir heyecan, bin haz içinde şu satırları yazıyorum. Dün Sermet'in takdim ettiği bir Türk'le bu İstanbul'un en meçhul yerine geldim. Meğerse Jacques Casanova, Pierre Loti filân konaklarla yalıların selâmlık dairelerinde birer kahve içmekle şark'ı gördük sanıyorlarmış. Asıl şark görünmeyen tabakalarda... Ben işte hiçbir Avrupalının göremediği şeyi gördüm.

Burası ihtiyar, dul bir kadının evi. Gayet dindar bir kadın. Evin içi, sofra takımı, âdet, tarzlar, bütün her şey hiç bozulmamış... Tamamiyle alaturka. Gece beni en üst katta bir odaya yatırdılar. Sabahleyin gayet erken uyandım. Yataktan kalktım. Garip bir şüphe içimi yiyordu. Ayaklarımın uçlarına basarak dışarı çıktım. Karşıda bir oda vardı. Kapısı aralıktı. Yavaşça ittim. Bir de ne göreyim? Gizli bir aile tapınağı...

Beyaz perdeler inik. Aralarından soluk bir aydınlık giriyor. Duvarlarda birçok büyük tablolar asılı. Köşelerde ağır, ceviz ağacından yapılmış, demir çemberli mezarlar duruyor. Şüphesiz bu mezarlarda sevgili ölülerin mumyaları var. Bir tanesini açmağa çalıştım. Mümkün değil, kilitli. Sonra yerde irili ufaklı birçok kaplar duruyor. Bazıları bakırdan, bazıları porselenden. İçlerinde kıymetlileri var. Meselâ kapının hizasında, birinci mezarın önündeki gayet kıymetli, etrafı altınla yaldızlanmış bir kap. Köşedeki yeşil bir vazo... Kimbilir nasıl bir topraktan yapılmış, tapınağın içinde manasını anlayamadığım bir oran dahilinde ipten birtakım zaviyeler gerilmiş. Bu kutsal tekkkelerin üzerinde şüphesiz ölülere ait olan birtakım relique'ler asılı. Kaplarda kutsal sular duruyor. Bazısında taşacak derecede çok. Mekke'nin, Medine'nin kimbilir hangi meçhul, hangi köşelerinden gelen bu esrarlı, bu kutsal sulardan tattım. Biraz kekremsi ... Kapların dibinde hafif, ama gayet hafif bir toprak tortusu var. Her kaptan içtim. Hepsinin tadı var. Kalbim çarpmağa başladı. Kutsal bir tapınağa girmiş bir küfürbaz, bir hain, bir kâfir heyecanıyla dışarı çıktım. Sanki bu mezarlar birdenbire açılacak, içlerinde yüzlerce sene evvel ölmüş ihtiyar Türkler kavuklarıyla, savaş bıçaklarıyla kalkıp üzerime yürüyecekler sandım. Sanki duvarlardaki tablolar sallandı. Kutsal kapların içi çalkalandı. Sanki o an bir deniz olacak, oralarda beni boğacaklardı. Bu kutsal suların hiddetini, sessizliğini, büyüklüğünü şimdi içimde duyuyor gibi oluyorum.

Esrarlı, belirsiz bir gevşeklik, bir ateş damarlarıma yayılıyor. Beynimde karanlık, meçhul bir kubbenin derin akislerini işitiyorum. Öyle anlatılmaz bir heyecan duyuyorum ki...»

Kendimi tutamadım. Öyle bir kahkaha attım ki... Frenk, nargile borusunu elinden düşürdü. Az daha nargilesi devrilecekti. Sabah keyfini çatmaya gelmiş müşterilerin afyonlarını patlattım. Dik dik yüzüme bakıyorlardı:

Frenk sordu:

— Niçin gülüyorsun?

— Ayol, sen gizli tapınağa girmemişsin, dedim.

— Ya nereye girmişim?

— Süt annemin sandık odasına!

— Sandık odası mı?

— Bizim evlerde çekmeli çamaşır dolabı, aynalı dolap filan yoktur. Eşyalarımız birer sandıkta, sandıklar da birer odada durur. O mezar zannettiğin demir çemberli ceviz tabutlar, bizim çamaşır sandıklarımızdır.

— Ya duvardaki tablolar?...

— Süt babamın eserleri... Yadigâr diye süt annem satmıyor.

Frenk inanmıyordu. Ben halâ gülüyordum.

— Ay ipten yapılmış geometrik şekiller?.. Relique'ler?...

— Yağmurlu havalarda çamaşır asmaya mahsus ip.

Açılar, üçlüler, tesadüfen teşekkül etmiş; relique zannettiğiniz de kullanılmayan giysiler...

Frenk yine inanmıyordu. Mavi gözleri birdenbire bulutlanmıştı. Yalanımı yakalamış gibi başını salladı:

— Ya o kutsal sular?... onlara ne diyeceksiniz azizim? dedi.

Gece yağmur yağdı. Süt annemin sandık odası bildim bileli akar. Tavandan damlayacak yağmur suları yerleri ıslatmasın diye geceleyin Karanfil, o kapları odaya sıra sıra dizmiş olmalı... dedim.

Frenk, evlerimizin üzerindeki "Maşallah„ levhalarını millî bir sigorta şirketinin işaretleri, saçaklarımızda sallanan nazarlık pabuçlarını damdan dama kaçan hırsızların oralara takılıp kalmış ayakkabıları zanneden meşhur vatandaşı gibi, bir an durdu, düşündü. Derin derin nargilesini çekti, yutkundu. Elinde açık kalan defterlerini cebine soktu. Ben halâ duruyor, duruyor, gülüyordum:

— Gülme, azizim, sizin sandık odalarınızda bile öyle esrarlı, öyle anlaşılmaz, öyle belirsiz, öyle dinî bir durum var ki...

— Ne gibi?...

— Öyle bir şey mi... Siz körsünüz... Görmüyorsunuz özetle... dedi.

Fakat bizim görmeyip de o yalnız kendi gördüğü şeyin ne olduğunu bir türlü söyleyemiyordu.

Bilinir ya, Türkler, yargılarında çok naziktirler! "Biz körsek, işte siz de dilsizsiniz!„ cevabını ta dudaklarımın ucuna gelmişken sustum. Hiç ses çıkarmadım.

AÇIK HAVA MEKTEBİ

Efruz Bey, Bilgi Bucağı'ndan çekildikten sonra evinde derin incelemelerine dalmış, uğraşıyordu! Fakat kitap sağlamak biraz zordu. Avrupa postası bir ayda gelmiyordu. Bir gün sıkıldı:

— Ben kitapların olduğu yere gitsem, dedi.

Hem Avrupa'da eğitimini de bitirmiş olurdu. Annesine bu fikrini açtı. Bin dereden su getirdi. Nihayet kandırdı. Fakat ne eğitimi görecekti?

— Müfat Bey'e danışırım, diye mırıldandı.

Bu zat, Efruz Bey'in dünyada en beğendiği bir

adamdı. Hemen hazırlandı. Ne zamandan beri, bir kürek mahkûmu gibi odasında kapalı yaşıyordu.

Sokağa çıkınca halkı, gelenleri geçenleri o kadar şen o kadar keyifli gördü, ki, "Ne tuhaf! Bütün dünya mesut!„ dedi. Rüzgârsız parlak bir sabah her tarafı parlatıyor, apartmanların pencerelerinden hizmetçi kızlar öteberi silkiyorlardı yaya kaldırımlarında beyaz giysili dadılar çocuk arabaları sürüyorlar, okula geç kalmış yaramazlar itişerek, kakışarak koşuşuyorlardı. Harbiye Mektebi'nin önünde bir arabayı durdurdu, içine atladı:

— Aksaray'a! dedi.

Müfat Bey, gece gündüz Aksaraydaki "Tıfıl Kovuğu„ denilen okulunda bulunuyordu. Burası eski bir konaktı. Dört yüksek duvar arasında gayet rutubetli, dar, çukur bir bahçenin içindeydi. En üst kattan bile duvarların öbür tarafı gözükmezdi. Altmış sene önce, doksan yaşından sonra on dört yaşında bir kızla evlenen kıskanç bir ihtiyar tarafından yaptırılmıştı. Mal sahibi, bahçenin duvarlarını yapan ustaya sürekli, "İçerisini kargalar bile görmesin!„ demişti. Şimdi uçan, kargalar değil, hatta kenarlarına konan serçeler bile içerisini görmüyorlar; bostan kuyusu zannederek kaçıyorlardı. Halk mektebe, bu mimarî durum için "Kovuk„ namı verilmiş sanıyordu. Halbuki bu namın sebebi okulun çukurluğu, kapanıklığı filân değildir. Müfat Bey her ne konuda olursa olsun söylentinin aleyhinde bulunanlardan biriydi. Şiirlerine büyük sevgi duyduğu Fikret'in bile yirmi beş senede yazdığı eserin ismini Emile Bergeraf'tan çaldığına şaşıyordu. Emile Bergeraf'ın eseri "Lyre Brise„ idi. Fikret yarım Türkçe kitabına bu Farsça'ya tercüme ederek bir isim bulmuştu: "Rübâb-ı Şikeste„. Kitabın ismini Emile Bergeraf'tan çalan bu şairin evine "Aşiyan„ diyorlardı. Birisi bu ismi aldı, gazetesine ünvan yaptı. Sonra diğer bir okullu kalktı: "Çocuk Âşiyanı„ diye bir okul ismi çıkardı.

Bir söylenti zinciridir, gidiyordu. Müfat Bey bunlara kızar: "Zavallılar, hiç anlamı düşünmüyorlar„ derdi. Çocuk âşiyanı, anlamsız bir şeydi. Çünkü âşiyan "yuva„ demekti. Yuva en çok havada uçan hayvanlar hakkında kullanılabilirdi. Kuş yuvası, karga yuvası gibi. Halbuki yerde yaşayan hayvanlar için "in„ kelimesi kullanılırdı. Tilki ini, ayı ini, kurt ini... İnsanlar kuştan ziyade dört ayaklı hayvanlara yakındı. "Çocuk âşiyanı„ yerine "Çocuk ini„ denilmiş olsa daha mantığa uygun hareket edilmiş olacaktı.

İşte Müfat Bey, insanları kanatlı hayvanlardan çok, dört ayaklı hayvanlara benzettiği için okuluna "Tıfıl Kovuğu„ demişti. Kovuk, İstanbul'un en meşhur bir kuruluşu sayılırdı. Alafranga, millî ahlâka karşı olanlar çocuklarını hep buraya verirlerdi. Zira Müfat Bey "Türk, Türklük„ diye bir milliyetin varlığını kabul etmiyordu. Millî terbiyenin en büyük karşıtı idi. Türk milliyetseverliğinin çeşitli akımları karşısında "Din var, millet yok!„

manalı bayrakların sallandığını görmüştü. Fakat Müfat bey için bu anlam, "Din de yok, millet de yok„tu. Onun ideali yalnız alafrangalaşmak, taklit, Avrupalılara benzemekti. İstanbul gibi yeniliksever bir çevrede bu ideal çok taraftar buluyor, kovuğun çocukları için en büyük küfür "Türk!„ kelimesiydi. Bu kelime ile arkadaşına küfreden çocuk hemen okuldan kovulurdu.

İşte Efruz Bey bu kadar büyük, bu kadar ilmî bir hareketin yol göstericisi olan bu zata Avrupa'da ne eğitimi göreceğini sormaya geliyordu. Arabadan inince kocaman duvarın dibinde, hakikaten kovuğa benzeyen küçük kapının önünde durdu. Aralıktan baktı. Karanlık bahçede öğretmenler, çocuklar geziniyorlardı. Yavaş yavaş girdi, önüne çuha şalvarlı bir hademe dikildi. Çok şükür, tabancasıyla bıçağı yoktu:

— Ne istiyorsun?

— Müdür beyi göreceğim.

— Sen kimsin?

Efruz Bey'e bu kaba sorgulama dokundu. Acaba onu milliyetsever bir eğitim müfettişi mi zannetmişti? Bu yanılgıyı düzeltmek gerekiyordu.

— Ben Efruz Bey'im.

— Kendisine haber verelim.

— Evet.

Zavallı Efruz Bey kırk dakikadan fazla bekledi. Çocuklar derse girdiler. Nihayet hademe geldi. Az önceki karşılamanın aksine, çok nazikleşmişti:

— Buyurunuz efendimiz, müdür beyefendi sizi bekliyorlar.

— Haydi.

Efruz Bey hademeyle yürüdü. Bu ani değişikliğin mânasını bir türlü bulamıyordu, içinden "Bütün insanlar ayrı ayrı bir bilmece!„ dedi. Rutubetten çürümüş, küflenmiş merdivenlerden geçtiler. Hademenin, bir adım ilerleyerek açtığı geniş bir odaya girdi. Büyük yeşil çuha örtülü masanın kenarında

Müfat Bey oturuyordu. Ayağa kalktı. Misafirini selâmladı:

— Buyurunuz... diye sağındaki küçük bir koltuğu gösterdi.

Kendi de oturduğu sandalyeyi çevirdi. Efruz Bey'e, birkaç sene önce bir konferansta takdim olunmuştu. Biraz gözü ısırdı:

— Daha önce tanışma onuruna eriştik.

— Estağfurullah, evet efendim.

— Nasılsınız?

— Çok şükür, iyi. Siz?

— Biz de elhamdülillah...

Susuyorlardı. Efruz Bey bu kadar büyük, bu kadar âlim bir adamın kendisine söyleyecek bir lâf bulamamasına şaştı. şaşkın şaşkın etrafına bakındı. Duvarlar meşhur büyüklerin resimleriyle doluydu. Bir köşede koca bir küre duruyordu. Kütüphaneler ağzı ağzına kitapla doldurulmuştu. Böyle bir odada oturan adam ömründe kitap açmasa âlim olabilirdi.

— Siz Türkçü müsünüz efendim?

— Asla! Bunu kabul etmem efendim. Bendeniz zatıâliniz gibi Türk milliyetseverliğinin karşıtıyım.

— Fakat Ocak'ta konferanslar verdiğinizi işitiyordum.

— Veriyordum, fakat samimî değil.

-?...

— Orada da iktidarımı göstermek için.

— Oğlunuzu okulumuza mı vereceksiniz?

— Hayır, benim oğlum yoktur.

— Kızınız var mı?

— O da yok.

— O hâlde ne arzu buyurursunuz?

Efruz Bey birdenbire esas meselenin karşısında kalınca şaşırdı. Ellerini oğuşturdu:

— Kendime ait bir şey sormaya gelmiştim.

— Buyurunuz.

— Bendeniz Avrupa'ya eğitime gidiyorum. Ne okuyayım?

— Ne okumak istiyorsunuz?

— Daha bir şey tasarlamadım. Yaşım otuza yakın. Öyle bir eğitim istiyorum ki, gayet kolay olsun, hatta...

-Hatta?

— Kitap bile olmasın, öyle sözlü bir ilim! Zira gözlerim artık yoruldu.

Müfat Bey gülümsedi. Okullu oldu olalı okumak istediği hâlde gözlerini yormaktan korkan, kitapsız ilim arayan bir adama ilk defa rasgeliyordu. Sözlü bir ilim, sözlü bir ilim... Evet, gramofonlar bu kadar gelişmemişti. Plâklar olağanüstü bir değişime uğrayıp cilt haline geçirilse okumadan âlim olmak mümkündür. Fakat şimdi... insanlık daha bu noktadan çok uzaktı. Müfat Bey çok misafirperver olduğu için bir ilim âşığını umutsuz bırakmak istemedi. Dünya bu... Âşığa sevgili mi bulunmaz!

— En çok neye yeteneğiniz var? diye sordu.

Efruz Bey için bu soruya cevap vermek pek zordu:

— Her şeye efendim.

— Ama en çok neye?

Biraz düşündü. Onun her şeye çok yeteneği vardı. Şair, matematikçi, müzisyen olduğu gibi ressamdı da...

— Resme.

— Resme mi? Çok iyi öyleyse. El işlerine çalışınız.

— El işlerine mi?

— Elbet, bu da bir ilim.

— Fakat okullarda okutturulur mu?

— Elbette, şimdi hemen her okulda. Eskiden resim bile günahtı. Çocuklar bir resim yaparlarsa yarın ahrette "Bunun cevabını ver bakalım!" sorusuyla karşılaşacakları söylenebilirdi.

— Demek el işleri bir ilim ha!..

Efruz Bey şaşırıyordu.

Müfat Bey açıklama yaptı:

— El işleri sayesinde çocuklar küçükten, büyüklerin yaptığı en mühim işleri öğrenirler, kurnazlaşırlar. Neyi tutsalar bir şeye benzetirler. Kendilerinde beceriksizlikten eser kalmaz.

"Oyun, okuldur!„ diyen düşünür çok haklıdır.

— El işi her çocuğa gayet az bir masrafla öğretilebilir... biraz zamk, biraz kâğıt...

— !...

Müfat Bey, Efruz Bey'in: "Aman efendim, zahmet etmeyiniz, lütuf buyurunuz. Bendeniz pek iyi bilirim.„ demesine bakmadı. Kalktı. Ona kütüphaneden birçok el işleri çıkarıp gösterdi. El işlerinin bütün tarihini, mucidini, en muvaffak olan sanatkârları, fabrikaları, hepsini, hepsini anlatı. İşte bizim memleketimizde hakkıyla el işlerine eli yatkın kimse yoktu. Mademki Efruz Bey'in yeteneği vardı, o hâlde mutlaka el işlerine de yeteneği olacaktı. Müfat Bey: "El işleri öğretmenliğinin yanında üniversite profesörlüğü, ilk okul hocalığı gibi gelir.„ diyordu.

Yarım saat sonra Kovuk'tan çıkarken Efruz Bey âdeta bir el işi kahramanı, bir el işi fedaisi olmuştu. Evet şöhrete, gösterişe bakmamalıydı. Lâfa gerek yoktu. İşe ihtiyaç vardı, el işine, el işlerine!

Efruz Bey bir türlü Avrupa'ya gidemedi. Zaten gidenler ne öğrenmişti? Yalnız kuru bir yaldız... İki gönül bir olunca samanlık nasıl seyran olursa, okuyan için de kitapları elde ettikten sonra kendi evi, kendi odası Haydelberg, Oxford, Sorbonne olurdu! Efruz Bey el işlerine dair birçok modeller, kitaplar metodlar getirtti. Kütüphanenin bir tarafını atölye haline koydu.

— Avrupa'ya gitmiş gibi, üç sene sokağa çıkamayacağım, eğitimimi odamda tamamlayacağım, diyordu.

Bununla beraber, herkese kendini Avrupa'ya gitmiş bildirmek istedi. Bir hafta bütün tanıdıklarını ziyaret etti:

— Size vedaya geldim.

— Hayırdır inşallah... diye şaşırıyorlardı.

— Bir haftaya kadar Avrupa'ya gidiyorum.

— Niçin canım?

— Niçin olacak? Burada kalıp cehaletten patlayayım mı? Okumaya gidiyorum.

— Ne eğitimine?

Efruz Bey yalnız, tanıdıklarının bu sorusuna doğru cevap veremiyor.

— Gelince ne okumuş olduğumu görürsünüz! diyordu.

Efruz Bey ortadan kaybolunca dostları hep Avrupa'ya gitmiş sandılar. Eve uğrayanlara:

— Londra'da... Mektup almadık! Cevabı veriliyordu.

Fakat Efruz Bey odasında, kitaplardan kurduğu üniversitede iki aydan fazla duramadı. Azıcık daha, can sıkıntısından patlayacaktı. Şarlok Holmes'leri, Arşen Lüpen'leri baştan başa devrettiği hâlde bu incelemelere katlanmak mümkün değildi. Nihayet kendini sokağa attı. Arkadaşları ona rastgelince şaşıyorlar;

— Ooo... Hoş geldin. Ama ne çabuk! diyorlardı.

— Hoş bulduk.

— Yahu kuş mu kaçırdın? Gitmenle gelmen bir oldu.

— Kâfi!

— Ne kâfi!

— Eğitim için iki ay...

Sonra hepsine nasıl okuduğunu, iki günde koca bir üniversitenin bütün sınavlarını vererek diploma aldığını anlatırdı. Evet, Efruz Bey Avrupa'da pedagoji okumuştu. Şimdi memleketin en büyük pedagoguydu. İlk hareketi mevcut pedagogları yıkmak oldu. Konferanslarında hiç ilimden, bilimle ilgili terimlerden bahsetmiyor, yalnız yeni meslektaşlarına hücum ediyordu. Önce Kovukçu Müfat'a saldırdı. Zavallı Müfat bunu görünce az daha aklını kaçıracaktı. Gelip kendisinden el işinin ismini ömründe ilk defa işiten bu züppe onun ilmine, erdemine:

— Şarlatanlık! diyordu.

Efruz Bey, Müfat'ı yıkınca karşısında terbiyeci

İsmail Hakkı'yı buldu. Bu adamı tanımıyordu. Fakat üniversitede falan dersleri olduğunu biliyordu. Onunla tartışmak güçtü. İhtimâl bir pot kırabilirdi, işi siyasete vurdu. Ortaya bir fikir fırlattı:

— İsmail Hakkı terbiyeci değildir!

— Ya nedir? diyenlere,

"Bir kuramcı," cevabını veriyordu.

Halbuki asıl terbiyeci kendisiydi. Terbiye bilgi demek değildi. Terbiye uygulamaya dayanıyordu. Evet, Efruz Bey terbiyenin kuramlarından hiç bahsetmemek için her konferansının sonunda;

— Vallahi, billahi, tallahi... diye yemin ediyor, dinleyenleri de, kuramları söyleyenleri bir daha dinlememeleri için yemine davet ediyordu. Bu sayede İsmail Hakkı az daha mesleksiz kalıyordu. Efruz Bey'in "uygulamaya dayanan eğitimci"liği bütün çevrede duyuldu. Ne yapacağını söylemiyordu:

— Ben yaptıktan sonra görürsünüz! diyordu.

Okullular, terbiyeciler, öğretmenler, müdürler

toplanıyorlar. "Acaba ne yapacak?" diye düşünüyorlardı. Efruz Bey susuyor, cevap vermiyor, esrarengiz niyetine dair düşündüğü projeleri söylemeden dinleyenlere sezdirmeye çalışıyordu. Bir gün;

— Ben, Pastör'ün yaptığını yapacağım. O nasıl tıbbı değiştirmişse, ben de eğitimi kökünden değiştireceğim, dedi.

Sonra ilâve etti:

— Ama, İsmail Hakkı falan gibi kitap içinde, kâğıt üzerinde değil... Uygulamalı olarak, uygulamalı... uygulamalı...

Efruz Bey "eğitim uzmanı" gibi önüne gelen resmî, özel okullara dalıyor, sınıfları geziyor, öğretmenleri, öğretmen yardımcılarını lâfa tutuyor, çıkıp giderken hepsine birer resimli kart armağan bırakıyordu. Kasımpaşa'daki "Osmanlı Eğitim Bakanlığı Doğu Işıkları" mektebi en çok dikkatini çeken bir kurumdu. Müdürü tam bilgin, bilgili, kıymetli bir gençti. Uzun saçları, eski paltosunun yağlı yakasına dökülüyor, ona dünyadan vazgeçmiş sarhoş bir şair hâli veriyordu. Mektepte uğraşalı Fransızca'yı unutmuştu. Ona, Efruz Bey ilk görüştüğü zaman:

— Hangi okuldan mezunsunuz? diye sormuştu.

— Doğa okulundan!

— Ne demek?

— Yani kendi okulumdan! Rousseau gibi...

Efruz Bey bu cevaba bayılmış, içinden "İşte benzersiz bir adam. Meçhul bir adam. Meçhul bir dahi!„ demişti. İsmi pek uzundu: "Mehmet Mustafa Tahsin Nidai...„ Ama herkes bu uzun ismi söylemiyor, yalnız "Müdür Bey„ diyordu. Kupkuruydu. Koyu esmerdi. Köse olduğu için gür saçlarının altında yüzü daha mini mini görünüyordu. Efruz Bey bu kıymetli gence hayranlığından her gün okula gelmeye başladı. Onunla arkadaş oldular. Müdürün en önemli özelliği uygulamaya önem veren biri olmasıydı. Hiç kuram bilmiyordu. Hatta:

— Okumam efendim, diyordu, okutan okumaz!

"Okutan okumaz!„ Efruz Bey bu hikmeti içinden tekrar ediyor, yine içinden, "Demek bende okutmak özelliği daha üstün!„ hükmünü çıkarıyordu. Okulun binası pek haraptı. Pencerelerin camları kağıtlarla yapışıktı. Hele müdürün odası görülecek şeydi. Çökük bir yazıhane, duvarda büyük bir Alasonya haritası... Yazıhanenin karşısında eski bir kanepe! Kanepenin üstüne Müşir Ethem Paşa'nın Acem matbaalarında basılmış müthiş bir resmi.

Efruz Bey bu kadar mükemmel bir adamın bu kadar katlanılmaz çirkinlikler arasında nasıl oturduğuna bir türlü mana veremezdi. Bir gün:

— Azizim, Mehmet Mustafa Tahsin Nidaî Bey, dedi, ben, sizin iktidarınıza hayranım.

— Tabiî.

— Evet, tabiî olarak hayranım. Fakat sizde bir noksan görüyorum.

— Ne gibi?

— Estetiğe, estetik terbiyeye hiç önem vermiyorsunuz.

Müdür bu sözden hiçbir şey anlamadı:

— Bediîyat ne demek?

— Estetik.

— Maliye bakanı değilim ya...

— Ne demek?

— Öyle ya, estetikle maliye bakanlığı uğraşmalı. Bizim görevimiz değil?

Efruz Bey yine bir şey anlamıyordu. Estetik ile maliye bakanlığı niçin uğraşsın?

— Fakat anlamıyorum.

— Canım şunu bunu rakamlarla ifade edip rakamlardan sonuç çıkarmak değil mi, bizim ne görevimiz?

Efruz Bey gözlerini açtı:

— Hayır canım.

— Ya ne?

— Estetik.

— Bediîyat işte...

— O da ne? Ayrı bir şey mi?

— Bediîyat ne efendim?

Efruz Bey, hakından fakından karıştırarak bediîyatı tarif etti. Gaye: Güzellikti. İnsanın oturduğu, yattığı, okuduğu, kısacası yaşadığı yer güzel olmalıydı. Sonra samimî bir eleştirmen gibi okulun haline geçti. Pisliğe itiraz etti. Yağmur günlerinde her taraf akıyordu. Sonra müdür odasının bu düzensizliğine geldi. O söyledikçe sıska müdür gülümsüyordu. Nihayet;

— Görüyorum ki Efruz Bey, dedi, siz de bütün iddianıza rağmen bir "kuramcı„sınız.

— Nerden bildiniz?

— Söyledikleriniz hep kuram ürünü, hiç işle uygulamayla ilişki yok.

Efruz Bey açıklamasını istedi:

— Lütfen.

— Pekalâ, önce okula itiraz ediyorsunuz. "Niçin harap, perişan?„ diye, değil mi?

— Evet.

— Size söyleyeyim. Halkın dörtte üçü fakirdir. Bunların çocukları yıkık, harap evlerde yaşadıkları için bakımlı, mükemmel okullar sağlıklarına dokunur.

— Ya zengin çocukları?

— Okulun haraplığı onların yararına başka türlü hizmet eder.

— Nasıl?

— Eğer babalarından kalacak mirasları hesap-sız yerlerse, en nihayet böyle harap binalarda soğuktan, rüzgârdan ıstırap çekeceklerini düşünürler, peşinden akıllanırlar.

Efruz Bey bu pisliği yaşayarak öğrenmeye dayanan görüşe hayran kaldı. Müdür, pisliğin faydasını da anlatıyordu. Genel sağlık kendimizi soğuktan, sıcaktan muhafaza değil, belki bu soğuğa, sıcağa alıştırmaktı. Bugün hastalıkların esası mikroptu, hastalıklardan korunmak için mikroplardan kaçmak değil, onlara alışmak, onlarla anlaşmak gerekiyordu. Pislik tabiatta vardı. Temizlik sonradan türeyendi, güçsüzdü. Medeniyet, gereği bir şeydi. Bütün hastalıklar medeniyetle, yani temizlikle başlamıştı. Temizliğin ne olduğunu bilmeyen ilkel insanlar, bugünkü vahşiler niçin hastalanmıyorlardı: Çünkü mikroplarla, yani pislikle dostluk kurmuşlardı.

Efruz Bey müdürün açıklamasını dinliyor, yakasındaki yağlara, kalıpsız fesindeki dört santimetre kadar yukarı doğru ilerleyen kirlere bakıyordu. Evet, bunlar ne basit gerçeklerdi. Fakat ne kadar orijinal, ne kadar yeni gerçeklerdi!

Müdür, pislikten sonra lüksün aleyhinde açtı ağzını, yumdu gözünü... Dünyadaki felâketlerin en baş sebebi lükstü! Süslü ev, süslü giysi, süslü çevre... Bu süs düşkünlüğü insanları kudurtuyor, fakirlerin zenginlerin aleyhine kalkmasına sebep oluyordu. İhtimâl, bir gün bütün fakirler birleşecek, süse dair ne varsa, ev, apartman, gazino falan... hepsini yağma edecekler, hepsini harap edeceklerdi. Öğretmenler sıradan hasır kahve sandalyelerinde otururlardı. Pencerelerde tek bir perde yoktu, mademki hava yahut ışık için açılmışlardı, bu deliklere perde takmanın manası var mıydı?

Efruz Bey "Osmanlı Eğitim Bakanlığı Şark Işıkları" Müdürü'nün bu prensiplerini dinledikçe talihin kendisine bir arkadaş daha çıkardığına seviniyor, "İşte yaşayarak eğitim ufuklarında benimle çalışabilmeye uygun bir arkadaş!" diyordu. Evet, bu tam yaşatarak öğretmeyi seven bir adamdı. Gerçeği olduğu gibi görüyordu. Çoğunluğun fakir olduğunu bildiği için, bu fakirliğin de zenginleşme arzusunu veren tek etken bulunduğuna kanaat getirdiği için, okulu sefil bir dilenci kulübesi sisteminde tertip etmişti. Yoksulluğun, zorunluğun "ibret verici" levhaları her köşede göze çarpıyordu. En büyük buluşu "yaşamın adaleti"ydi.

Efruz Bey:

— Bu ne? diye sordu.

— "Amelî adalet" mi?

— Evet:

— Gayet tabiî bir şey. Yani hakikî adaletin ta kendisi.

— Aman, izah ediniz.

Müdür Bey:

— Başüstüne, diye başladı. İnsanlar, tabiatı bozarak hayatı hafifleştirdikleri için kendi felâketlerini elleriyle hazırlamışlardır: Meselâ "hak, adalet„ gibi deyimler uydurmuşlar, yaşayış tarzındaki uyumu bozmaya kalkmışlardır. Sözde, yalnız bir hak varmış. Asırlardan beri onu ararlar! Asırlar içinde Nasrettin Hoca'dan başka "hak„kı anlayan gelmemiştir.

— O nasıl anlamış?

— Hikâyesini bilmiyor musunuz?

— Hayır.

— Bir gün Nasrettin Hoca, yolda birkaç çocuğun kavga ettiklerini görmüş.

— Ee?

— "Niçin dövüşüyorsunuz?„ diye sormuş.

Çocuklar da:

"Şurdan ceviz topladık. Pay edemiyoruz,„ demişler. Hoca, "Ben size pay edeyim mi?„ diye sormuş. "Et„ demişler. Fakat Hoca çocuklara tekrar "Hakça mı, pay edeyim?„ diye sormuş. Çocuklar düşünmüşler, hakça pay edilmesini istemişler.

Nasrettin Hoca rastgele kimine bir, kimine üç, kimine beş ceviz vermiş. Geri kalanını da kendi heybesine doldurmuş.

— Sonra?

— Sonra çocuklar, "Bu nasıl pay, Hoca?„ diye şaşırmışlar.

Hoca, "Hakça pay buna derler. Rastgele! Kimine az, kimine çok, kimine hiç...„

— Ee sonra?

— İşte bu kadar... Yani eşitlik hayallerinin insanlara özgü bir kuruntu olduğunu Hoca daha o zaman çakmış. Evet, tabiata bakarsak adaletin mantık dışı bir heves olduğunu açıkça görürüz. İnsanların bir kısmı fakir, bir kısmı zengin, zenginlerin içinde hiç çalışan olmadığını, budalaların, aptalların çoğunluk oluşturduklarını düşünürsek, çalışmanın, zekânın ne kadar hayalî bir kıymeti olduğunu anlamakta bir güçlük çekmeyiz. Evet, saadet, felâket bir işin belirli sonucu, karşılığı değil, öyle gelişigüzel üzerimize düşen bir tarihtir. "Bana Ne Kanunu..."

— Nedir?

— Mantıksızlık! Azizim Efruz Bey, âdeta bütün hayat mantıksız bir devamlılıktır.

— Fakat...

Bu esnada müdür odasının tek kanatlı, rezeleri kopuk kapısı açıldı. Kısa boylu, perişan, zayıf bir öğretmen içeri girdi, arkasında iki çocuk vardı. Bunlar ağlıyorlardı. Birisinin burnu kanıyordu. Müdür sordu:

— Ne oldu?..

Öğretmen:

— Efendim, dedi, bunlar hiç rahat durmuyorlar. Yine muslukların başında kavga etmişler,

Yetmiş altı, doksan ikinin burnunu kanatmış. Artık bu efendilerden bıktık.

— Ben onlara şimdi gösteririm! dedi.

Sonra tekrar öğretmene emir verdi:

— Sen git, bana muslukların civarında dolaşan "parasızlardan" iki tane yakala, getir.

— Başüstüne!

Öğretmen çıkınca, müdür çocuklara, kapının dışarısında adalete hazır bulunmalarını söyledi. Odada yalnız kalınca, Efruz Bey'e döndü:

— Tam tesadüf! İşte şimdi size gerçek adaleti göstereceğim.

— Nasıl?

— Göreceksiniz. Sabredlniz.

— "Parasızlar" kimler?

— Bakanlık yüzde yirmi öğrenciyi ücretsiz okutmamızı şart koşmuştur. Her sınıfta birkaç tane "parasız" vardır. Bunlar okulda ayrı bir cins oluştururlar. Hani Hindistan'daki Paryalar gibi.

— Ee?

— Ben okulda ne olay olursa cezalarını parasızlara veririm.

Efruz Bey âdeta galeyan etti:

— Bu olur mu ya? Bu olur mu ya?

— Mis gibi... Sızıltıya meydan vermez. Bilirsin ya, okulda dayak resmen yasaktır. Halbuki bu dayak cennetten çıkmıştır.

Kim ne derse desin onsuz terbiye olmaz. Tabiî bizim okulda resmen dayak yok. Ama "parasızlar" hariç. Onlar şikâyet falan edemezler, hemen kovarız. Kim ne yaparsa dayağı "parasızlar" yerler. Suçlu çocuklar "parasızların" yediği dayaklardan ibret alırlar.

— Fakat...

— İşte gerçek adalet, azizim.

— Ama "parasızların" suçu yok ki... Maksat ibret için ceza.

— Fakat...

Efruz Bey itirazına devam edemedi. Öğretmen iki çocuk daha getirmişti. Bunlar hemen yalınayak başıkabak denecek derecede perişan kıyafetteydiler. Müdür Bey:

— Çağır öbürlerini de, dedi.

— Başüstüne!

Kavga eden çocuklar da içeri girdiler. Müdür "parasızların" birisine sordu:

— Muslukların başında ne arıyordun sen?

— Su içmeye gitmiştim.

— Zehir iç, şimdi görürsün.

Parasızlardan ikincisine döndü:

— Ee sen? Sen ne arıyordun orada?

— Hiç!

— Vay, inkâr mı ediyorsun?

— Hayır efendim.

— Söyle öyleyse...

— Geçiyordum.

— Geçecek başka yer yok muydu?

Zavalı çocuklar titriyor, bir cevap bulamıyor, önlerine bakıyorlardı. Müdür Bey yazıhanesinin altından iri bir değnek çıkardı. Ayağa kalktı. Bütün kuvvetiyle bu iki "parasızı" dövmeye başladı. Çocuklar ağlıyorlar, kollarını yüzlerine siper yapıyorlar;

— Aman Müdür Bey, affediniz Müdür bey! diye yalvarıyorlardı.

Mehmet Mustafa Tahsin Nidaî Bey, hakikaten öfkelenmişti. Efruz Bey bile müdahaleden korktu. Zayıf, tüysüz çehresinde deminki donuk gözleri büyümüş, parlamış, birer alev parçası olmuştu. İyice dövdüğü çocukları tekmeleyerek dışarıya attı. Sonra asıl kabahatlilere:

— Gördünüz ya... Bir daha yaramazlık ederseniz sizi de böyle döverim! dedi.

Öğretmenle onlar çıktıktan sonra tekrar yazıhanesinin başına oturdu. Halâ soluyordu. Efruz Bey şaşırmış, bembeyaz kesilmişti. Suçsuz çocukların acıklı feryatları onu eklemişti. Dayanamadı:

— Bu "gerçek adalet" hiçbir şeye benzemiyor, dedi.

— Ne diyorsunuz?

— Evet, hiçbir şeye benzemiyor.

— Siz, azizim Efruz Bey, kuramcısınız.

— Haşâ...

Efruz Bey "kuramcı" suçlamasına çok kızardı.

— Evet, kuramcısınız.

— Niçin?

— Çünkü gerçek kurallara akıl erdiremiyorsunuz.

— Açıklayın, rica ederim.

— Şimdi ben "parasızlardan" birini dövdüm. Pekalâ! Farzediniz ki onlar kavga etmişler.

— Farz olur mu ya?

— Olur ya. Cebir, matematik, ciddî esaslı ilimler hep kuram değil mi? Kuram, gerçeğin annesidir.

Efruz Bey bunu reddedemedi.

— Evet farzediniz "parasızlar" muslukların ba-şında birbirleriyle kavga ettiler. Birisinin burnu kanadı. Gerçi bu bir faraziye! Ama bakınız, nasıl bir hakikat doğuracak?

— Söyleyiniz.

— Ben onlara sopayı çektim. Asıl suçlular bunu gördüler.

Şüphesiz ibret aldılar. Hiç olmazsa kendilerinin lâyık oldukları cezanın ne olduğunu anladılar.

— Bu doğru.

— Halbuki okulda dayak yasak.

— Evet...

— "Parasızlara" gelince... Kimsenin buna aldırdığı yok. Onların sayesinde "dayak" cezası okulda zararsızca yaşatılabiliyor.

— Gerçi doğru.

— Hele söyle azizim. "Gerçek adalete" akıl erdirebildiniz mi?

Gerçi Efruz Bey buna hiç akıl erdirememişti. Fakat bunu söylemek izzeti nefsine ağır geldi. İstemeyerek:

— Evet, dedi.

Böyle her gün, Efruz Bey. Mehmet Mustafa Tahsin Nidaî Bey'in bilgince hareketlerini gördükçe bütün büyük adamların meydanda değil, gölgede saklı olduklarına kanaat getiriyordu. Lüksün aleyhinde olduğu hâlde, odasında Ethem Paşa'nın o berbat resmiyle, Alasonya'nın topoğraf haritasını bulunduruşuna bir türlü anlam verememişti. Bir gün bunu da sordu. Müdür:

— Bundaki anlamı anlamayışına teessüf ederim, cevabını verdi.

Zaten cümleleri, hele hitap halindeki sözleri pek ağır ve şiddetliydi. Efruz bey estetik prensiplerinden kendine bir siper yapmaya çalışarak tekrar sordu:

— Duvarlardaki levhalardan maksat; sırf bir ziynet, bir süstür. Haritaya gelince, onda da bir fayda olmalı. Ethem Paşa'nın resmi son derece fena. Ne o öyle, atı şaha kalkmış, ayağının altında toplar, tüfekler, bacağı kolu kopmuş insanlar. Harpte başkumandanın böyle bir mevkide bulunması mümkün değil. Alasonya haritası ise küçücük bir kazayı gösteriyor. Ne faydası olabilir?

Müdür güldü:

— Hep kuram hep kuramcılık! dedi. Azizim Efruz Bey, senin ne vakit gerçeği düşündüğünü göreceğim?

— Canım bunda gerçekçilik yok, hayalcilik var mı?

— Var ya!

— Neresinde?

— Sorduğun şeyler hep hayal ürünü.

— Pekalâ bunların gerçeğe uygun bir cevabını veriniz bakalım.

— Vereyim. Bizim millî ressamımız, hatta millî dahimiz Meşhur Hulusi Efendi'dir! Bu levha da onun eseridir. O, milletin ruhunu tanır, millet nasıl isterse öyle yapar. Cahil olmadığı için tabiî bir başkumandanı, maroken koltuğa kurulmuş, ağır bir perdenin altında yapamaz. Aydınlar halâ Avrupa taklidi eserleri sanat tanırlar. Cahilliklerinden... Halktan kim on para verse, onların resimlerini alır. Halbuki Anadolu'ya falan gitmeye gerek yok, İstanbul'un kahvelerini gez. Hepsinde Hulusi Efendi'nin bir eserine mutlaka rastgelirsin. Bu ressam o kadar gerçekçi bir dâhidir ki gözü, karıncayı yormamak için resimlerinin altına ne olduğunu yazar. Topun altında top. Geminin altına gemi. şimendiferin altına şimendifer... Efruz "Alasonya haritası?„ dedi.

— Bunu işte anlamamak pek büyük bir ayıp... Dünyada son zaferimizin geçtiği yer! Bence Alasonya, Mohaç'tan, Çaldıran'dan, Kosova meydanından daha önemlidir.

Efruz Bey'in dudakları titredi:

— Doğru.

— Alasonya son zaferimiz olduğu gibi, Ethem Paşa da son kahramanımızdır.

— Doğru.

— İşte Hulusi Efendi'nin eseriyle topografya haritasının anlamı!

— Hakikaten siz gayet önemli bir şahsiyetsiniz, azizim.

Mehmet Mustafa Tahsin Nidaî Bey...

— Hüsnü teveccühün demeyeceğim. Bu memlekete göre hiç şüphesiz, en büyük adam.

Efruz Bey kendi meziyetlerinin kuruntusu için, çevreyi de kabul etmediği için, arkadaşının bu alçak gönüllülüğünü yersiz, lüzumsuz buldu:

— Estağfurullah... Estağfurullah...

Sonra uzun bir dertleşme başladı:

— Ah bu memleket...

...Evet, bu memleket kördü. Hiç doğruyu göremezdi. Meselâ, halâ okullar, binaların içindeydi. Halbuki uygar memleketlerde...

Müdür, küçük gözlerini Efruz Bey'e kaldırdı:

— Medenî memleketlerde okullar binaların içinde değil mi?

— Açıkta.

— Açıkta mı?

— Doğru mu söylüyorsunuz?

— Şüphe mi ediyorsunuz?

— Yok, fakat...

— Gözümle gördüm.

— Yaz, kış mı açıkta?

— Yaz, kış...

— Nasıl?

Efruz Bey, asılsız ayrıntılara başladı mı coşardı:

— Açık hava okullarını işitmediniz mi?

— Senden bir kere duydum sanıyorum.

— Evet, Avrupa'da açık hava okulları vardır. Tabiî papaz okulları falan buradaki gibi hâlâ binalar içinde... Fakat yeni eğitimi, yani yaparak yaşayarak öğrenmeyi, Anglosakson eğitimi kabul eden kaya okulları hep açıktadır.

— Kaya okulları ne demek?

— Ecole de roche... Yani, kayalar üzerinde ders okunan okul.

Mesele önemliydi. Müdür masasının başından kalktı. Efruz Bey'e daha fazla yaklaşmak için önüne gitti.

— Kayalar üzerinde mi?

— Evet.

— Niçin kayalar üstünde?

— Pek basit, çünkü rutubet yoktur. Kaya iletken olmadığı için yazın soğuk, kışın sıcaktır. Âdeta Allah'ımızın bir kaloriferi...

— Rica ederim, Efruz Bey, bu açık hava okullarına dair daha da ayrıntı ver. Çok önemli buluyorum.

— Başüstüne...

— Buyur!

Efruz Bey, tam bir buçuk saat buyurdu. "Osmanlı Eğitim Bakanlığı Doğu Işığı" okulunun müdürü öğrendi ki, açık hava okulu ilk insanlar gibi, çocukları gerçek hayata alıştırmak için kurulmuş ilmî bir müessesedir. Yaz kış, gece gündüz, öğretmenler, öğrenciler, hepsi hayatlarını kırlarda geçirirler. Okumak yazmak pek az! Yalnız ekip biçmek! Yol yapmak! Kanal açmak! Köprü kurmak! Nadas etmek! Hayvan yetiştirmek! Tavukların dil altlarını çıkarmak! Beygirleri nallamak! Güzel övendire kullanmak! Falan filân... Efruz Bey de ayağa kalktı. İki şahsiyet karşı karşıya geldi, birbirlerinin gözlerine baktılar. Sıska müdür:

— Ne duruyoruz? dedi.

— Evet, ne duruyoruz?

— Bizim gibi gerçek yenilikçilere bu miskinlik yakışmaz.

Efruz Bey başını salladı:

— Doğru, yakışmaz.

— O halde ne duruyoruz?

— Yarından tezi yok. Hemen açık hava okulunu bu memlekette kuralım.

— Kuralım...

— Hazırlığa falan...

— Ne gerek var, ne zaman?

— Fakat...

— Çocukların anası babası duyarsa ihtimâl razı olmazlar.

— Ya ne yapalım?

— Sanki bir geziye çıkıyormuşuz gibi kalkar,

buradan gideriz. Bir daha gelmeyiz. Bizi kırlarda kim arayıp, kim bulacak?

— Fakat...

— Fakatı makatı yok... diyen Efruz Bey, müdürün bütün kuşkularını gevşetti. Hademeye falan da lüzum yoktu. Parasızlar hademelik edeceklerdi. Öğretim ücretlerine gelince, kırda, açık hava okulunda tesis olunacak çiftliğin geliri milyonları bulacaktı. İhtimâl, öğrenciler aldıkları günlükleri ailelerine gönderebileceklerdi. Efruz Bey zengin hayalinden açık hava okulunun kârlarına dair ayrıntı verdikçe, müdürün küçücük, dar hayal gücü genişliyor, kocaman bir göl oluyordu.

Saatlerin geçtiğini duymadılar. Masanın başına oturdular. Plânlar çizdiler. Yarın sabah çocuklar, bir günlük yemekleriyle beraber okula geleceklerdi.

Sonra erkenden Köprü'ye gidecekler, vapurla Haydarpaşa'ya geçecekler, daha öğleye kadar zorlu yürüyüşle Maltepe'yi tutacaklardı. Sonra?

Efruz Bey;

— Sonra, diyordu, ertesi gün sabaha karşı bir tekne ile doğru Hayırsızada'ya... Tıpkı ilk Türklerin Gelibolu'ya çıkışları gibi! Orada doğayla yalnız kalacağız! Mücadele başlayacak. Anglosakson eğitimi baş gösterecek, her çocuk bir Robenson... Biz de birer Robenson!

Müdür:

— Ya ekmek? dedi.

— Düşündüğün şeye bak. İhtiyaç "aza" yapar. Acıkan ekmeğini taştan çıkarır.

— Bu doğru. Fakat su?

— Zannederim ki, Hayırsızada'da su vardır. Arayıp bulacağız, bulamazsak...

— Ne yaparız?

— Deniz suyundan tatlı su çıkarırız.

— Nasıl?

— İngiliz tayfalarının yaptıkları gibi.

Her şeyi konuştular ettiler. Artık okulun akşam tatili zamanı yaklaşıyordu. Efruz Bey bir şey teklif etti. Bu açık hava okulunu kurma şerefini yalnız "Osmanlı Eğitim Bakanlığı Doğu Işıkları" müdürüne bırakmak istemiyordu.

— Ortaklaşa! diyordu.

— Fakat nasıl?

— Ben okulun resmen ders yetkilisi olayım. Yetkim sizinkiyle eşit olsun.

— Bir gövdede iki baş olur mu?

— Olur.

— Nasıl?

— Fevkalâde ejderhalarda olduğu gibi.

— Ejderhaların masallarda kuvveti, hep yedi sekiz başlarından ileri gelir.

Müdür düşündü, taşındı:

— Bu olmaz Efruz Bey! dedi.

— Olamaz mı?

— Olamaz.

— O hâlde ben yalnız başıma bu okulu kurarım.

— Öğrenci bulamazsın.

— Bana iki çocuk yeter.

— Onu da bulamazsın.

— O hâlde?

— Gel beraber yapalım. Birlikten kuvvet doğar.

— Ben de bu fikirdeyim. Fakat yetkim olmazsa...

— Resmen olmasın da... Kendine özgü, ne istersen yap...

Efruz Bey düşündü. Bir kere koloniyi oluşturduktan sonra, müdürü atlatmak kolaydı. Bir karşı koyma yeterliydi. Hatta gerekirse denize bile arttırır, her türlü uygunsuzluklardan birdenbire kurtulabilirdi. Geniş, fakat özel bir yetkiyle okulun ders yetkilisi oldu. Müdür:

— Çocuklar gitmeden önce seni takdim edeyim, dedi.

— Öğretmenler nerede?

— Okulda bulunan yalnız bir öğretmen var.

— Bir öğretmen mi?

— Evet.

— Ee, kaç sınıf var?

— Yedi.

— Diğer öğretmenler nerede?

— İkisi hasta. Üçü izinli. Biri hava değişiminde. Dördüncü de mazeretli olmalı. Bugün gelmediler.

— Bir öğretmen yedi sınıfı nasıl okutuyor?

— Geriye kalan altı sınıf ders hazırlığı yapar. Eski derslerini işlerler.

— Çok iyi, çok iyi, zaten açık hava okulunda eski öğretmenleri kullanamayız.

— Ben yeni öğretmen almam. Bu, bir prensip meselesi.

— Hayır canım, hiç öğretmen almayacağız. Bir ben kâfi. Ben her şeyi öğreteceğim.

— Teşekkürler...

Müdür için için seviniyor, neşesini saklayamıyordu. Önce okul kirasından; sonra da öğretmen ücretinden kurtulacaktı. Dışarı fırladı. Çocuklarda dersten çıkmışlardı. Trampeti vuran hademeye:

— Çabuk öğretmen beyi gönder. Efendiler çıkmasınlar. Beklesinler. Toplantı var! dedi.

Oda kapısında bekledi. Yan gözle içeri bakınca, yüreği hop etti. Efruz Bey kendi makamına oturmuştu. Dalgındı. Gözlerini sanki Ethem Paşa'nın şaha kalkmış küheylânına dikmişti. Acaba bu büyük şahsiyetin yanında kendi varlığı sönecek miydi? Müdür bunu düşünemeden, çağrılan öğretmen gelmişti.

— Toplantı var, çocukları toplayınız.

— Başüstüne.

— Ama, çabuk.

— Bir dakika

Yıkık binanın alt katından kulakları parçalayacak derecede şiddetli gürültü yükseliyordu. Çocukların en kızdıkları şey bu toplantıydı. Müdürün yarım saat gevezelik edip kendilerini sokağa çıkmakta geç bırakmasını bir türlü çekemezlerdi. Zayıf öğretmen, müdür beye, çocukların hazır olduklarını söylediği zaman, bu gürültü daha da azmıştı. Sokak kapısını kilitleyip önünde bir put gibi duran kapıcının etrafında çocuklar, Karagöz'deki "Başlar mısın başlayalım mı?„ bestesiyle bağırtıyorlardı:

— Açar mısın, açtıralım mı?

Müdürle Efruz Bey eski konaklarda "ev altı„ denilen bu loş meydanlığa gelince gürültü birdenbire durdu. Müdürün ince, keskin, madenî sesi duyuldu:

— Efendiler! Şimdiden sonra ders yetkilimiz Efruz Beyefendi'dir. Size takdim ederim. Onun sayesinde neler öğreneceksiniz, neler!.. Önce, o sizi o kadar yoran, gözlerinizi ağrıtan kitaplar kalkacak. Hiç kitapsız okuyacaksınız.

Az önce binayı yıkacak gibi haykıran çocuklar şimdi, hayretten nefes bile alamıyorlar, işittiklerine inanamıyorlardı. Kitapsız ders! Bu ne saadetti. Farkında olmadan itiraz ettiler:

— Şaka ediyorsunuz.

— Şaka mı?

— Şaka, şaka...

— Müdürünüzün, şimdiye kadar bir defa olsun şaka ettiğini gördünüz mü? Ciddî söylüyorum.

Efruz Beyefendi kitapları, defterleri, kâğıtları, kalemleri, hatta siyah duvar tahtalarını, tebeşirleri, silgileri, hepsini kaldırıyor. Artık ödev falan da yazmayacaksınız...

Çocuklar sevinçten uğulduyorlar:

— Şaka...

— Şaka...

— Şaka söylüyorsunuz! diye bağırıyorlardı.

Müdür Bey uzun uzadıya, açıklama yaparak hepsini inandırdı. Okul yeni eğitim yöntemlerini kabul ediyordu. Bu yeni yöntem hayat içindi. Hayatta kitabın önemi yoktu. Kalkan yalnız kitap, yalnız okuyup yazmak, yalnız ezberlemek değildi... Başka...

Çocuklar, tekrar:

— Ne? Ne? Müdür Bey, ne? diye bağrıştılar.

— Evet, Efruz Bey'in sayesinde okuldan "ceza„ da kalkacak, herkes eşit. Meselâ ben de sizin gibi olacağım. Artık bana selâm vermeye mecbur değilsiniz. Hepimiz aynıyız. Öğretmenler size karışamayacak. Size kimse karışamayacak.

Hatta ananız, babanız bile... İstediğinizi yapacaksınız.

— Yaşasın Efruz Bey!

— Yasasın...

Çocuklar öyle müthiş alkışlıyorlardı ki... Efruz Bey farkında olmadan Hürriyet günlerini hatırladı. Müdürün yanında ayakta duruyordu, iki ellerini yukarı kaldırdı. Alkışçılara karşı:

— Söz isterim! Söz isterim! diye haykırdı.

Kendilerine, düşünebilecekleri en büyük saadeti getiren bu kurtarıcıyı çocuklar dinledi. O müthiş gürültü birdenbire kesildi. Efruz Bey nutkuna başladı:

— Arkadaşlar! Evet, size "arkadaşlar„ diyorum. Çünkü benim öğrencim değil, arkadaşımsınız. Öğrencilik, öğretmenlik, yöneticilik, memurluk, büyüklük, küçüklük, cehalet devirlerinin rezaletleriydi. Bugün öyle şey yok. Eski müdürümüzün söylediği gibi, herkes eşit...

Müdür birdenbire sarararak, Efruz Bey'in sözünü kesti!

Efruz Bey:

— Hayır, eski! diye devam etti. Hiç müdüre bakmıyor, doğrudan doğruya çocuklara hitâp ediyordu. Müdürünüz, eskiden müdürünüzdü. Kendisinin belki haberi yok. şimdi o, sizin müdürünüz değil. Nihayet bir arkadaşınız. Artık kendisine "Müdür Bey" demek bir hakarettir.

— Demeyiz, demeyiz....

— Evet, doğrudan doğruya ismini söylersiniz. Fakat ismi de çok uzun! Mehmet Mustafa Tahsin Nidaî adeta dört kişilik bir isim! Önce bu arkadaşınızın ismini kısaltmalı. Bu uygulama çocukları çıldırttı:

— Kısaltalım...

— Kısaltalım...

— Nasıl kısaltalım?

Müdür sapsarıydı. Gürültü o kadar şiddetli, Efruz Bey'in etkisi o kadar kuvvetliydi ki... Toplantıyı dağıtmaya cesaret edemedi. Yalnız bir kâbus içinde gibi dinliyordu.

— Bana kalırsa, ona "Mıstık" diyelim. Bu göçmen ismidir.

Bu suretle vatanseverliğimizi, bağlılığımızı göstermiş oluruz.

— Mıstık...

— Mıstık... Hey Mıstık! diye bir gürültü koptu. Bu ismi herkes beğeniyordu.

Mustafa Mıstık, Arabaya kıstık...

Efruz Bey, müdürün ismini düzelttikten sonra programa geldi:

— Arkadaşlar! Yarın hepiniz daha güneş doğmadan bir saat önce, buraya geleceksiniz, kitap falan getirmeyiniz. Yalnız, bir günlük yiyecek... Ekmek, zeytin, peynir falan... Yarın ilk defa açık hava dersine çıkacağız. Yükümüz hafif olarak!

Evde ailenize bir şey söylemeyiniz.

— Söylemeyiz... Söylemeyiz...

— Haydi bakayım. Tabur mabur istemez. Serbestçe dışarı çıkınız, paydos!

Kapıcı anahtarı güç çevirdi. Bir çocuk tufanı taştı. Civardaki evler, yangın var sandılar. En çok azanlar parasız okuyan öğrencilerdi. Kapıdan çıkarken:

— Allahaısmarladık Mıstık! diye bağırıyorlar, bazıları bu ayrılışı: "Çiroz Mıstık!„ hitabıyla tamamlıyorlardı. Efruz Bey'in on dakikalık telkiniyle eski katı düzenin, kuralların, düzenin bir anda yıkıldığını gören müdür birdenbire ürktü. Gözlerini açtı. Ev altında çocuk kalmayınca Efruz beye döndü:

— Fakat azizim, dedi, biz bunları zaptedemeyiz.

— Niçin?

— Böyle eşitlik falan yapacağını bilmiyordum.

— İçeride konuşmadık mıydı?

— Konuştuktu.

— O hâlde artık itiraz edemezsiniz. Çünkü kabul ettiniz sayılır.

— Fakat

— Fakat...

— Evet Mıstık, görüyorum ki, sen hürriyetten korkuyorsun.

Çocuklara doğal hürriyetlerini, doğal hukuklarını verince taştılar. Gürültüye başladılar. Bu, işte onların "hayatiyet„leridir.

Bu hayatiyet eski batıl inançlara bağlı duruyordu. Hiç istifade olunmuyordu. Şimdi onların hürriyetleri olacak. Hayatiyetlerini istedikleri gibi açığa vuracaklar. Bak, bu taşkın çocuklardan ne harikalar doğacak! Ne kadar dahiler çıkacak.

Müdür ürkmüştü. Cevap veremiyordu. Beş dakikalık hürriyetin artık önüne geçilemeyeceğine inanmıştı. Kendine "Mıstık„ diye haykıran öğrencilere artık öğrenci denilemezdi. İşte on senelik okul birdenbire yıkılmıştı, içinden: "Ne yaptım da bu adama kandım?„ diyordu. Efruz Bey dalgınlığından onu uyandırdı:

— Yanlış bir şey yemiş ispinoz gibi ne düşünüyorsun Mıstık? dedi.

— Hiç...

— Cesaret! Haydi hazırlan. Bu gece okulda yat. Ben de gece yarısı geleceğim. Yarın ileri...

Ok yayından çıkmıştı. Zaten artık geri dönülemezdi. Zavallı Mıstık:

— Pekalâ, yarın erkenden... diye başını salladı.

Hele bu kısalmış ismi, kendine ağır bir hakaret gibi geliyordu. Efruz Bey bu kendi eseri olan ismi sık sık tekrarlıyor, ne bey, ne efendi ilâve ediyordu. Mıstık zihninden, "Bari Mıstık Bey desel„ fikrini geçirdi. Hatta yüzünü kızarttı: Bu arzusunu söyledi. Efruz Bey bir kahkaha attı:

— Azizim Mıstık! Sen gayet sabit fikirli bir adammışsın. Seni de açık hava okulunda eşitliğe, hürriyete, yani demokrasiye alıştıracağım! Deli mi oldun? Hiç "Mıstık Bey" denir mi? Bu ismin doğasında, uyumunda, söylenişinde bile demokratlık vardır. Bey, paşa, efendi, ağa gibi ünvanları kabul etmez.

Efruz Bey gerçekten gece yarısı "Osmanlı Eğitim Bakanlığı Doğu Işıkları" okuluna geldi. Kapıyı vurdu, içeride galiba kimse yoktu. Cevap veren olmadı. Mehtap her tarafı aydınlatıyordu. "Biraz gezeyim, düşüneyim!" diye Kasımpaşa'nın sakin sokaklarına daldı. O da, annesine üç seneliğine veda etmişti. Nereye gittiğini, inat etti söylemedi. Evet, üç senede Hayırsızada'da büyük bir sömürge yaratacaktı. Fakat vaktiyle İstanbul'dan toplanıp oraya sürülen köpeklere dair duyduğu şeyler müthişti! Bu hayvanlar aç kalınca birbirlerini yemeğe başlamışlar, en kuvvetlileri zayıfları yiye yiye azarak, yırtıcı bir sürü olmuşlardı. Hatta denizlerde yüze yüze civardan geçen sandallara yaklaşıyorlar, içindekileri kaparak çatır çatır yiyorlardı. Çocuklarla buraya çıkınca, mutlaka bir savaş lâzımdı. Savaş için de silâh! Silâhı nereden bulacaktı? Fakat ihtiyaç her şeyi insana buldurur. Efruz Bey gülümsedi. "Buldum, buldum!„ dedi. Öğrencileri silâhlandırmak için bir şişe kloroform kâfiydi. Küçük bir şişe kloroformla bir tabur oluşturmak!.. Gülümsedi. Kendi kendine söylemeye, konuşmaya başladı:

— Dahiyim desem, herkes güler.

— Halbuki...

— Kim bir mecidiyelik kloroformla bin liralık silâh elde edebilir?

— Şüphesiz hiç kimse!

— Gülerler.

— Ah budalalar.

Evet, bir şişe kloroform...

Fakat bu şişeyi nerede bulmalıydı! Zaman geçirmeğe gelmezdi. Cebinde meşhur Doktor İsa

Nazım'ın annesine verdiği bir reçete vardı. Onu çıkardı. Yazısını taklit ederek, imzasının üstüne Fransızca "Kloroform„ yazdı. Ay aydınlığında reçeteye dikkatli dikkatli baktı. Sahtekârlığı fark olunacak gibi değildi. Başladı bir eczahane aramaya... Rastgeldiği bekçilere soruyor, "Aşağı in!„ cevabını alıyordu. Efruz Bey aksine yukarı çıktı. Pera Palas'ın dibinden geçti. Koca Beyoğlu mehtapla sarhoş olmuş gibi uyuyordu. "Üç sene sonra, benim sömürgemin yanında köy halinde kalırsın!„ dedi. Vitrinde aydınlık gördüğü bir eczahaneye daldı. Kapının gürültüsünden uyanan çırak sersem bir tipti. Reçeteyi okudu. Hiç şüphelenmedi. Efruz Bey onun şüphesini bütün bütün gizlemek için:

— Aman çabuk, bütün doktorlar evde, ameliyat yapacaklar! dedi.

Pamuk da aldı. Şişeyi cebine koyunca az kalsın başarısının keyfiyle nara atacaktı. İşte silâhlarını hazırlamıştı...

O, daha odaya çıkar çıkmaz "Kloroform„

kullanmaya hiç gerek kalmamıştı, bütün sürgün köpekler sanki hipnotize olmuş gibi iki taraflı dizilmişler, salta durarak dillerini çıkarmışlar, onu ve öğrencisini büyük bir memnuniyet ve hürmetle karşılamışlardı.

Efruz Bey, Hayırsızada'da sade "Açık Hava Okulunun„ kurucusu olarak kalmadı. Adeta orada bir hükümet, bir bağımsız prenslik kurdu. Adanın en tepesinde beş metre genişliğinde, dokuz metre uzunluğunda tam yedi renkli bayrağı dalgalanıyor, gürbüz "Açık Hava Okulu„ öğrencileri sahillerde, çardakların altında yan gelip yatıyorlar, denize giriyorlar. Adanın kendine mahsus motorları vızır vızır İstanbul„a martı yumurtası taşıyor. Hayırsızada birdenbire en hayırlı ada olarak Efruz Bey'le beraberindekilere sonsuz servetler temin ediyordu.

Bir gün, Efruz Bey adanın en tepesine, alacalı bayrağın dalgalandığı yere çıktı, oturdu. A, ne oluyordu! Ada birden büyümeye ve şişmeye başladı. Efruz Bey bağırmak istedi. Fakat sesi çıkmıyordu. Toprak beraber yükseldi, yükseldi, yükseldi, belki Hazret! İsa'nın haram ettiği dördüncü kat göğe vardı. Nihayet başına gayet ıslak bir şey dokundu.

Gözlerini açtığı zaman, beyaz gömlek giymiş genç bir doktorun, başucunda alnına ıslak, soğuk bezler sarmakla meşgul olduğunu gördü. Kımıldamak istedi. Fakat her tarafı külçe olmuştu.

Yavaş yavaş hatırlar gibi oluyordu. Hain müdür onu aldatmış, ne kendisi gelmiş, ne de çocuklardan kimseyi yollamıştı. Fakat Efruz Bey azimliydi. Fikret'in:

Hak bellediğin bir yola yalnız gideceksin! dizesine iman etmişti. Bir sabah erkenden vapura binmiş, Kınalıada'ya geçmiş, yanına öteberi de almıştı. Akşama kadar tepeden dürbünle Hayırsızada'yı uzaktan gözlemiş, geceyi otelde geçirmişti. Sabahleyin arka tarafta, in cin olmayan bir yerde boş bir sandal bulmuş, hemen içine atlamıştı. Bundan ötesini bir türlü hatırlayamıyordu...

Şimdi bulunduğu yer "Yalova„ idi. Demek bir felâkete uğramış, dalgalar onu istemeye, istemeye, "Yalova Sefası„na götürmüştü. Fakat hayır, büyük işler yapmak, meşhur olmak emelindeydi. Her zaman olduğu gibi, düşünmeksizin aklına bir şey geldi. Buradan hemen İstanbul'a dönmek, oradan Yunanistan'a Akropol'a gitmek, sanat edebiyat hacısı olmak... Ooooh, bu ne ilâhi bir beğeniydi. Karyolasının içinde çırpınmaya başladı: Akropol'a, Akropol'a!..

Genç doktor sayıklamanın yeniden başladığına tanık olmuş, Efruz Bey'in alnına taze taze ıslattığı bezleri sarmaya çalışıyordu.